Lovely 軽やかな組ひも
1 鎖つなぎ組　Kusari-tsunagi　4 / 46
2 平八つ組　Hira-yatsu　4 / 47
3 江戸八つ組　Edo-yatsu　4 / 48
4 角八つ組　Kaku-yatsu　5 / 49
5 唐八つ組　Kara-yatsu　5 / 50
6 八つ瀬組　Yatsu-se　5 / 52

Strong & supple 強く、しなやかな組ひも
7 八つ金剛組S　Yatsu-kongoh-S　8 / 54
8 八つ金剛組Z　Yatsu-kongoh-Z　8 / 55
9 変わり江戸八つ組　Kawari-Edo-yatsu　8 / 51

Pretty 可憐な組ひも
10 丸四つ組　Maru-yotsu　10 / 56
11 すず菜組　Suzuna　11 / 57

Glossy 艶やかな組ひも
12 方丈組　Hojo　16 / 58
13 平瀬組　Hira-se　16 / 60
14 江戸源氏組　Edo-genji　16 / 59

contents

Cheerful　華やかな組ひも
15　十六金剛組S　Jyuroku-kongoh-S　20 / 62
16　十六金剛組Z　Jyuroku-kongoh-Z　20 / 63
17　十六金剛返し組　Jyuroku-kongoh-gaeshi　20 / 64
18　十六金剛ねじり組　Jyuroku-kongoh-nejiri　20 / 65
19　丸唐組　Maru-kara　21 / 66
20　平唐組　Hira-kara　21 / 67

Stylish　小粋な組ひも
21　内記組　Naiki　22 / 68
22　内記返し組　Naiki-gaeshi　22 / 70
23　平源氏組　Hira-genji　23 / 72
24　丸源氏組　Maru-genji　23 / 73

Elegant　洗練の組ひも
25　千鳥組　Chidori　28 / 74
26　笹波組　Sasanami　28 / 76
27　片瀬組　Kata-se　29 / 77

Peaceful　静謐な組ひも
28　老松組　Oimatsu　30 / 78
29　重ね江戸組　Kasane-Edo　31 / 80

Celebration　はれの日の組ひも
30　ひも入り組ひも　Braid-in-Braid　32 / 82
31　小桜源氏組　Kozakura-genji　33 / 83

choker　ジゼル　6 / 88
pierced earring　窓辺のあの子　7 / 87
ring　ピンクのリボン　7 / 88
purse string　シルフィード　12 / 89
parker string　舞姫　13 / 89
headband　ブラックスワン　14 / 90
key ring　妖精のキス　15 / 90
bracelet　夜明け　18 / 91
neck ornament　グラン ワルツ　19 / 91
barrette　ティーパーティー　24 / 92
basket handle　青い鳥　25 / 93
bangle　愛をこめて　26 / 92
belt　ル ベル　27 / 93
decoration　こんぺいとうの精　34 / 94
cat's collar　赤い靴　35 / 94

組ひも作りの基本　36
手軽に楽しむ、組ひも道具　37
組図の見かた　39
基本の組ひもを組んでみましょう　39
アクセサリー作りの基本　86
この本の使用絹糸　95

Lovely
軽やかな組ひも

8本組は玉数が少ないので玉の操作がシンプル。
組ひも初心者にとても向いています。

1 鎖つなぎ組　Kusari-tsunagi　p.46

2 平八つ組　Hira-yatsu　p.47

3 江戸八つ組　Edo-yatsu　p.48

4 角八つ組 Kaku-yatsu p.49

5 唐八つ組 Kara-yatsu p.50

6 八つ瀬組 Yatsu-se p.52 a

b

choker

ジゼル

アンティークピンクの
リボンで結ぶチョーカー。
八つ瀬組(p.5)にリボンを巻いたおもり玉を
1つ足して組む、変わり八つ瀬組(p.53)。
多田牧子　p.88

窓辺のあの子

フリンジがかわいいピアス。
C型の金具を、カラフルに組んだ
角八つ組(p.5)の糸に通していくだけ。
岡本睦子　p.87

pierced earring

ring

ピンクのリボン

ラメ糸を交ぜて組んだ唐八つ組(p.5)。
サイズを自分の指に合わせて
調整し、ひもどめでとめてリングに。
岡本睦子　p.88

Strong & supple
強く、しなやかな組ひも

金剛組はその文字のイメージからも伝わるように、
強くじょうぶな組ひもです。

8
八つ金剛組Z
Yatsu-kongoh-Z
p.55

7
八つ金剛組S
Yatsu-kongoh-S
p.54

9
変わり江戸八つ組
Kawari-Edo-yatsu
p.51

8
八つ金剛組Z
Yatsu-kongoh-Z
p.55

a

b

10
丸四つ組
Maru-yotsu p.56

c

Pretty
可憐な組ひも

糸の束感が可愛らしい丸四つ組と、そのバリエーション。
すず菜組は、細く組んだひもを1本、組糸として用います。

11
すず菜組
Suzuna p.57

a

b

シルフィード

表情豊かなひもは
2種類の太さの糸束で組んだ江戸八つ組(p.4)。
アンティークリネンとレースの巾着を
モダンに魅せる、ロイヤルブルー。
清澤澄江　p.89

purse string

parker string

舞姫

シンプルなパーカーにあしらうと
かわいい、鮮やかなピンクの組ひも。
変わり江戸八つ組(p.8)のアレンジで
ちらほらとのぞくシルバーがポイントです。
丸山文乃　p.89

headband
ブラックスワン

モノトーンの潔さを
ヘッドアクセサリーに込めたカチューム。
ブラックハートが連なるデザインは
江戸源氏組(p.16)。
小嶋博子　p.90

key ring
妖精のキス

端正な組ひもに毛糸のテクスチャーを
プラスした、雰囲気のあるキーチャーム。
レース糸、レザーコードなど
自由な素材の組み合わせを楽しんで。
多田牧子　p.90

Glossy

艶やかな組ひも

12本組の情熱的な赤をベースに、優しいピンク
シャープなシルバーを合わせて、大人の組ひもを演出。

12 方丈組　Hojo p.58　　a

13 平瀬組　Hira-se p.60　　a

14 江戸源氏組　Edo-genji p.59　　a

bracelet

夜明け

色を替えて組み上げた
平八つ組(p.4)を並べたブレスレット。
揺れるスワロフスキーが
アクセントに。
西 幾代　p.91

グラン ワルツ

ネップやループがランダムに現れる
5種類の毛糸を
絹糸と組み合わせて作るラリエット。
アシンメトリーなフリンジがポイント。
多田牧子　p.91

neck ornament

16
十六金剛組Z
Jyuroku-kongoh-Z
p.63

18
十六金剛ねじり組
Jyuroku-kongoh-nejiri p.65

15
十六金剛組S
Jyuroku-kongoh-S
p.62

17
十六金剛返し組
Jyuroku-kongoh-gaeshi p.64

Cheerful
華やかな組ひも

シンプルな金剛組も
16本になると柄行きが繊細で
ひもとしてのしなやかさもアップします。

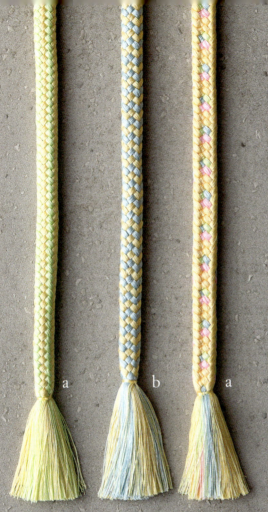

19
丸唐組
Marukara p.66

20
平唐組
Hirakara p.67

Stylish

小粋な組ひも

定番と洗練。伝統的な形を継承しつつ、
新しい空気を感じさせる組ひもです。

21　内記組　Naiki p.68

22　内記返し組　Naiki-gaeshi p.70

23 平源氏組　Hira-genji p.72

24 丸源氏組　Maru-genji p.73　　a

b

ティーパーティー

内記組(p.22)を使って作る
タータンチェックのバレッタ。
洋の要素を取り入れることで
トラッドテイストのアイテムに。
丸山文乃　p.92

barrette

basket handle

青い鳥

レザーコードを使った組ひもを
かごにとりつけて、ハンドルをリメイク。
テープ状のレザーを、ねじれないように
内記組(p.22)で組み上げます。
多田牧子　p.93

bangle

愛をこめて

ビビッドなピンクとゴールドを
合わせた、バングル風ブレスレット。
角がきっちりとした
平源氏組(p.23)の形を生かしました。
清澤澄江　p.92

belt

ル ベル

しっかりとした組ひも部分と
動きのあるフリンジ部分でできた
飾りベルト。
スウェードテープを笹波組(p.28)で。
多田牧子　p.93

25
千鳥組
Chidori
p.74

a　b

26
笹波組
Sasanami
p.76

a　b　c

Elegant

洗練の組ひも

心に残る情景やストーリーをも
連れてくる、豊かな表情の組ひも。

27
片瀬組
Kata-se
p.77

a b c

28 老松組　Oimatsu p.78　a

b

c

d

e

Peaceful

静謐な組ひも

静けさや趣を宿した組みひもの持つ
凛として揺るがない様子には
いつも惹きつけられます。

a 29 重ね江戸組　Kasane-Edo p.80

b

c

30
ひも入り組ひも
Braid-in-Braid p.82

Celebration

はれの日の組みひも

すこしトリッキーな組み方をする
ひも入り組ひもと、組んでいくとできる
花模様が楽しい小桜源氏組。

31
小桜源氏組
Kozakura-genji p.83

a

b

c

decoration

こんぺいとうの精

まるでこんぺいとうのような
甘い雰囲気のオーナメント。
ニュアンスカラーとシルバーで
幻想的なお部屋を演出します。

小嶋博子　岡本睦子　p.94

cat's collar

赤い靴

チロリアンテープのような模様の
小桜源氏組(p.33)で作る
ペットのアクセサリー。
後ろがゴム仕様になっているので
つけ外しも簡単です。

西 幾代　p.94

組ひも作りの基本

この本で紹介している組ひもは、すべて「丸台」という台と複数の「おもり玉」を使って組むことができます。
丸台は、絹糸を使う組ひもにとっては一般的な道具で、使い方もとてもシンプル。
操作を覚えると、とても早くスムーズに組むことができるので、組ひもをやってみたい人に、まずおすすめの道具です。

❋ 道具

丸台

組ひもを作るための道具。糸を巻いたおもり玉を、鏡と呼ばれる天板の中央の穴から出して外に下げ、組みます。材料と道具の入手については、95ページの【材料と道具についてのお問い合わせ】までご連絡ください。

おもり玉＋玉糸

おもり玉は中央に鉛の芯が入った木製の糸巻き。主に小100g、大240gの2種類があります。巻きつけてある糸は玉糸といい、組んでいる絹糸が短くなったときにこの糸に結びつけてから使用します(p.71)。

吊りおもり

組み上がっていく組ひもにつける、中央のおもり。巾着とおもり板、釣り用のおもりなどを使います。
外側にぶら下げるおもり玉の総量に合わせて、重さを調節します。この本では、巾着の中に入れる数を変えて重さをコントロールします。

---

point!

おもり玉と吊りおもりの関係

外側に下げるおもり玉と、中央の吊りおもりの関係が、10：4ぐらいになるように吊りおもりの中を調節します。（組み方や糸束の量、作り手の力の強さなどによって変わります）

例 おもり玉100g×8個の場合、吊りおもりは800gの40〜45％で320g〜360g程度。写真(右)の釣り用のおもりは20号75gなので4個使用。

 ×8　 ×4

800g ： 300〜400g

手軽に楽しむ、組ひも道具

組ひも専用の道具がなくても、丸台の組ひもを楽しむことができます。ここでは、身近なものを使って作れる「組ひも道具」をご紹介。まずは簡単丸台で試してみて、組みひもの魅力を体験してみてはいかがでしょう？

丸台

天板が平らで円形、ドーナツ状のものならば、穴のあいたイスやバススツールなど、いろいろなもので代用が可能です。

例1　ダストボックスのふた＋鉢台

ダストボックスのふたを、植木鉢台の上にのせ、ふたの裏側でとめるだけです。

例2　スツール

一般的なスツールでOK。写真は組み立て式の段ボールイスの例（座面の中央と脚部分をカットしています）。

おもり玉

巻きつけた糸を引っかけるくびれがあることと、重さがあることが条件です。

例　空きびん＋電池、コイン

ガラス素材なら、割れないよう、ジャムびんなどの厚手のものを使います。おもりは中で動かないように、テープでとめたり、粘土で押さえたりしておくとよいでしょう。

吊りおもり

おもりは、コイン、単1電池、釣り用おもりなど、なんでもOK。外側にループ状のひもを付けると便利です。

例　ポーチ＋釣り用おもり

ポーチは、ひもがつけられればOK。

❉ その他の道具

塗りばし　　糸が鏡の穴から抜けないようにするために使います。
木綿糸　　　糸を束ねて縛ったり、仮留めに使います。
くし　　　　糸をとかしたり、ふさを整えるのに使います。

このほかに、はさみ、マスキングテープ、縫い針（ふとん針などなるべく長くて針穴の大きいもの）を使用します。

❉ 材料

組ひも用絹糸

組ひも用の市販の糸は、帯締め1本を組むのによい本数（720本）を、ちょうどよい長さ（約2.8m）にカットしてあります。販売されるときは、8玉用、16玉用、24玉用、というふうに、おもり玉の数に合わせて調整した本数をひとまとまりにして束ねてあるので、作りたいものに合わせて選びましょう。

縫い糸（絹）

仕上げの糸に使ったり、アクセサリーなど少量使用するときに使います。

※糸の長さは、組む人の手の力によっても変わります。心配なときはあらかじめ同じ種類のいらない糸で試し組をして必要な長さを計算して下さい。

---

point!

絹糸の準備

材料表記での1/8、1/16というのは、8玉用のうちの1束、16玉用のうちの1束、という意味です。それぞれ本数が変わってきます。

8玉用は、1束90本が8束。16玉用は、1束45本が16束。24玉用は1束30本が24束。

8玉用　　糸90本 × 2束　が 4セット ＝ 合計8束

16玉用　　糸45本 × 4束　が 4セット ＝ 合計16束

24玉用　　糸30本 × 4束　が 6セット ＝ 合計24束

糸の細かな仕様はメーカーによって異なる場合があります。

組図の見かた

この本では、なるべく図だけを見て組ひもが組めるように、シンプルな図と解説にしています。ここでは、図の見かた、材料表記のルールを解説します。

ひもの特徴、組みかたのポイントなどを説明しています。用語について知りたいときは81ページを参照してください。

使用した糸の配色と配置

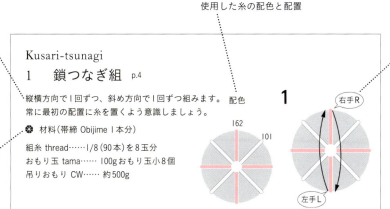

Kusari-tsunagi
1　鎖つなぎ組 p.4

縦横方向で1回ずつ、斜め方向で1回ずつ組みます。常に最初の配置に糸を置くよう意識しましょう。

配色

❋ 材料（帯締 Obijime 1本分）

組糸 thread……1/8（90本）を8玉分
おもり玉 tama……100gおもり玉小8個
吊りおもり CW……約500g

帯締め1本分、または作品1点分の糸と副素材、おもりの分量。吊りおもりは目安の重さで表記しています（p.36、39参照）。

手の動き
矢印の方向に向かい、鏡の上を通って移動します。矢印の種類によって、手の動きが変わってきます。42、43、61ページで詳しく解説しています。

右手R
左手L

基本の組ひもを組んでみましょう

丸台への糸つけと、基本の手の動きを練習するために、まずは鎖つなぎ組を組んでみます。

1　玉糸をつける

輪にした50cmのたこ糸を用意し、おもり玉に写真のようにつける。

たこ糸を引く。

たこ糸をおもり玉に巻きつける。この糸を玉糸という。組糸が短くなったら使う（p.71）。

2 根締めをする

絹糸をほどく(16玉用のものを半量使用)。

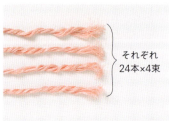

16玉用は、おもり玉4玉分(糸45本×4束)をひとつによりあわせたものが4つでセットになっている。

それぞれ24本×4束

2色とも、このうちのひとつを使う(あわせて45本×8束になる)。

糸2色をそれぞれ端から3cm残してほどけないようにひと結びする。塗りばしを通してからすぐ下を木綿糸で縛る。

結び終わったところ。

木綿糸　ひと結び

3 台に糸をつける

鏡の穴に、塗りばしのついたほうを入れる。

塗りばしを鏡の裏側にマスキングテープなどでとめる。

丸台に糸をとりつけたところ。

4　糸をさばく（美しく組めるように糸を整える）

よりあわさっている4つの束の間に指を入れて広げる。

1束ずつそっと引き抜いていく。丸台からすこし離れてもよいので、糸を1本ずつ両手でさばいてきれいに整える。

5　おもり玉に糸をつける

おもり玉に先端から巻く。穴から40cm位の位置で糸を玉の下側にして左手で持ち、右手で上から糸をつかんで手首を返す。

写真のように、交差した糸におもり玉の片側だけを入れる。

入れたところ。

おもり玉を引いて糸を引き締める。

おもり玉が1個ついたところ。

同様に繰り返して8個つける。玉の位置は台の高さの半分より少し短くする。

6 吊りおもりをつける

指定の重さのおもりを袋に入れる。袋のひもを指にかけ、手首を返す。

指先をとじると輪ができる。

鏡の裏側で、塗りばしの端から根締めの結び目まで輪を通す。

7 組図の通りに糸を動かす

ほとんどの組みかたに共通の基本の手の動き

鏡の奥の糸を親指に手前の糸を4本の指にかける。おもり玉や糸は持たない。鏡の上に手を持ち上げる。

手前に動く手は4本の指で糸をすくいながら移動する。遠くに動く手は手首を返しながら親指に糸を移す。

手を下ろす。

❶

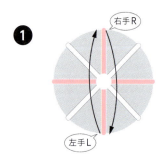

鏡の上に右手を渡し、右手親指に奥の糸、左手の4本指に手前の糸をかける。

親指の糸は4本指に、4本指の糸は親指に移しながら、鏡の上を通って手の位置を入れ替える。

❷ 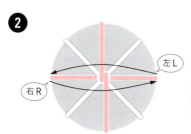  →

鏡の上に左手を渡し、左手親指に鏡の右側の糸を、右手の4本指で鏡の左側の糸をかける。

親指の糸は4本指に、4本指の糸は親指に移しながら、鏡の上を通って手の位置を入れ替える。

❸ 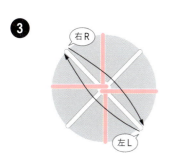  →

鏡の上に右手を渡し、親指で鏡の左奥の糸をかけ、左手の4本指で右手前の糸をかける。

親指の糸は4本指に、4本指の糸は親指に移しながら、鏡の上を通って手の位置を入れ替える。

❹ 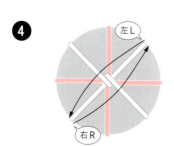  →

鏡の上に左手を渡し、左手親指に鏡の右側の糸を、右手の4本指で鏡の左側の糸をかける。

親指の糸は4本指に、4本指の糸は親指に移しながら、鏡の上を通って手の位置を入れ替える。

8　おもり玉と吊りおもりをずらし、組み続ける

 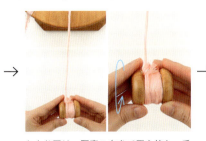 

組み続けると、おもり玉の糸は短くなり、組みひもが中央で下に向かって長くなっていき、吊りおもりが下につく。

おもり玉は、写真の向きで玉を持ち、手前に回しながら静かに引くと糸がくり出される。

塗りばしをはずす。吊りおもりは巾着のひもを、輪を通した状態のまま組みひもの上の方に引き上げる。

9　組み終わり

組み終わったら、吊りおもりを外し、組み終わりをしっかり持って、全体を台からはずす。おもり玉はまだはずさない。

仮結びをする。丸台の根元に木綿糸(2本程度)をつけて、組み終わり位置を結ぶ。

写真のように1回結ぶ。

結び目を指で押さえて、結んだ部分を揉む。

もう一度、糸を下から回して結ぶ。

仮結びができたところ。ここでおもり玉を糸からはずす。

同じように、絹糸(5、6本程度)で仮結びのすぐ上を結ぶ(わかりやすいように色の違う糸を使っているが、本来は組ひもと同じ色を使う)。

仮結びの糸をはずす。

組ひも本体の結び目の下に針を刺してから、始末用の糸の片方の端を針に通し、ひもから針を抜く。

針を糸から抜きとる。

針の頭を使い、針を通した方向に、ふさを2つに分ける。

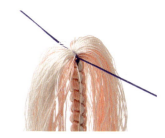
糸をふさの真ん中で固結びにする。水でしめらせて結ぶとよい。

10　仕上げる

ふさにアイロンのスチームを当てて整える。セロハンなどを巻いてテープでとめ、セロハンごとカットするときれいにそろう。

鎖つなぎ組が組めたところ。

Kusari-tsunagi

1 鎖つなぎ組 p.4

縦横方向で1回ずつ、斜め方向で1回ずつ組みます。
常に最初の配置に糸を置くように意識するとよいでしょう。

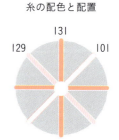
糸の配色と配置

❁ 材料（帯締 Obijime 1本分）

組糸 thread……1/8（90本）を8玉分
おもり玉 tama…… 240g×8個
吊りおもり CW…… 700〜800g

1

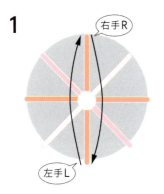

2

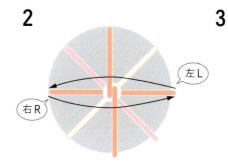

3

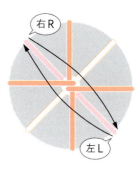

4

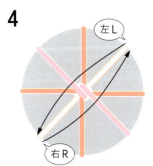

5

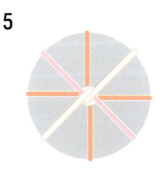

1〜4をくり返す

Hira-yatsu
2　平八つ組　p.4

少し厚みのある平ひもで、
組み進むと麦の穂のような地模様が現れます。

糸の配色と配置

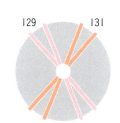

129　131

8本組

❊　材料（帯締 Obijime 1本分）

組糸 thread……1/8（90本）を8玉分
おもり玉 tama…… 240g×8個
吊りおもり CW…… 700〜800g

1

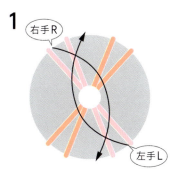

2

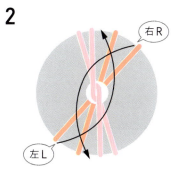

3

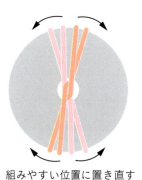

組みやすい位置に置き直す

4

5

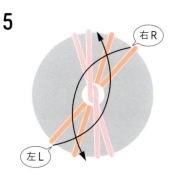

6

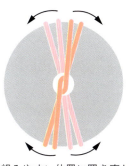

組みやすい位置に置き直し
1〜6をくり返す

Edo-yatsu
3 江戸八つ組 p.4

八つ組のなかで一番細かい組みかた。最初は図のように組み、
慣れてきたら鏡を8分割して糸を置くと、きれいに丸くなります。

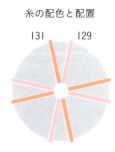

糸の配色と配置

❋ 材料（帯締 Obijime 1本分）

組糸 thread……1/8（90本）を8玉分
おもり玉 tama…… 240g×8個
吊りおもり CW…… 700〜800g

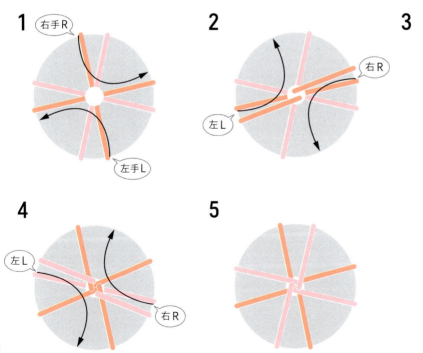

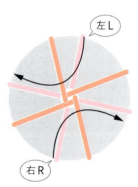

1〜4をくり返す

Kaku-yatsu
4　角八つ組　p.5

断面が正方形になる組ひも。
手の動きに無駄がないので、スムーズに組めます。

❊ 材料（帯締 Obijime 1本分）

組糸 thread……1/8（90本）を8玉分
おもり玉 tama…… 240g 8個
吊りおもり CW…… 700〜800g

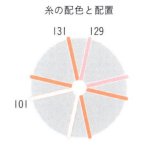

糸の配色と配置

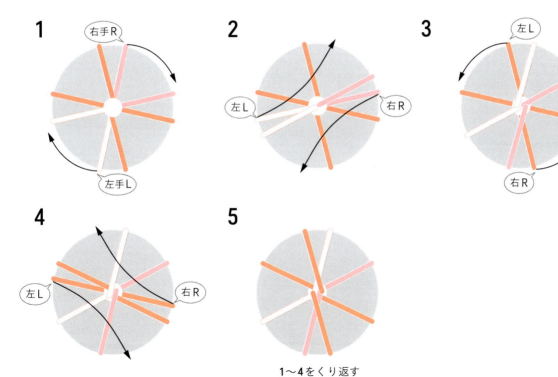

1〜4をくり返す

Kara-yatsu
5　唐八つ組　p.5

少し厚みのある平ひも。地模様があり、無地でも
楽しめます。玉数を増やすと平唐組(p.67)になります。

❀ 材料(帯締 Obijime 1本分)

組糸 thread……1/8(90本)を8玉分
おもり玉 tama…… 240g×8個
吊りおもり CW…… 700〜800g

糸の配色と配置

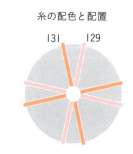

1

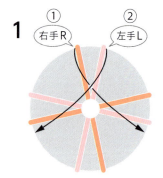

左手の糸が上になる

2

右手の糸が上になる

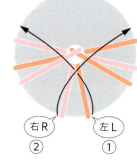

3

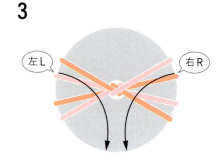

4

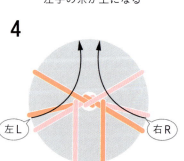

5

1〜4をくり返す

Kawari-Edo-yatsu
9　変わり江戸八つ組 p.8

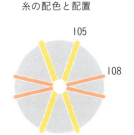

糸の配色と配置

江戸八つ組(p.48)の、右回り、左回りの手の動きを2回ずつ
くり返して組んだもので、2玉の糸を一緒に動かすところがあります。

❊ 材料(帯締 Obijime 1本分)

組糸 thread……1/8(90本)を8玉分
おもり玉 tama…… 240g×8個
吊りおもり CW…… 700〜800g

組み図のように太さを変えるときは、縦方向の4玉は3/16、横方向の4玉は1/16で組む

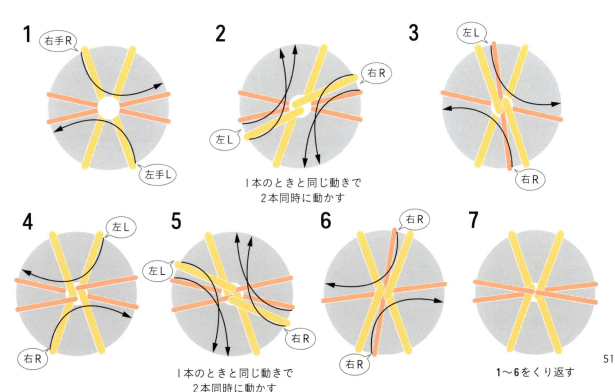

Yatsu-se
6　八つ瀬組　p.5

薄い平ひも。おもり玉は強めに落とします。横方向の糸を
すくうときに間違えやすいので、間隔を空けて配置しましょう。

❋ 材料（帯締 Obijime 1本分）

組糸 thread……1/8（90本）を8玉分
おもり玉 tama……240g×8個
吊りおもり CW……700〜800g

糸の配色と配置

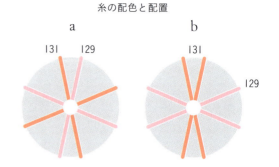

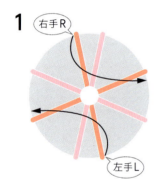

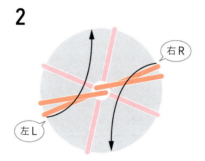

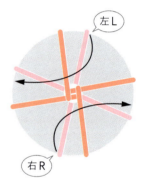

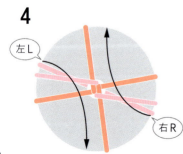

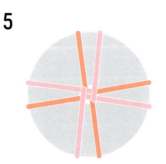

1〜4をくり返す

変わり八つ瀬組　p.6

八つ瀬組のアレンジで、ここでは1玉、別の素材を足して組みます。

1

組糸を根締めする際、別の素材（別玉）も一緒に結ぶ。ここではスウェードテープ。

2

八つ瀬組の糸配置をしたところで別玉を1個左側に置き、そのまま八つ瀬組を2回組む。

3

八つ瀬組を2回組んだら、鏡の下で、別玉と組糸の間に、ピックをはさむ。

4
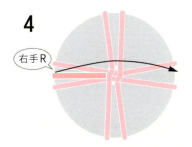
別玉を図のように右へ移動する。

5

再び八つ瀬組を2回組み、別玉と組糸の間にピックをはさむ。

6
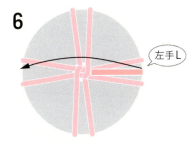
別玉を右から左へ戻す。

7

1～6をくり返す。写真は組んでいくにしたがい、ピックが増えている様子。

Yatsu-kongoh-S
7　八つ金剛組S p.8

縦方向、横方向ともに反時計回りに糸を動かします。
常に体から遠い糸を左手でとります。

糸の配色と配置

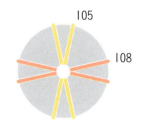

❊ 材料（帯締 Obijime 1本分）

組糸 thread……1/8（90本）を8玉分
おもり玉 tama…… 240g×8個
吊りおもり CW…… 700〜800g

1
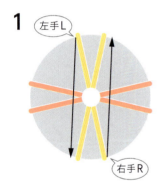

2
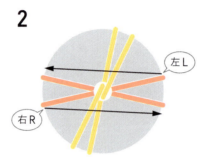

3
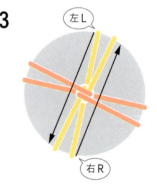

4
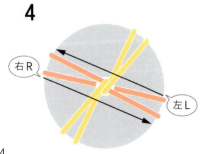

5
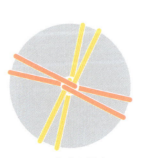

1〜4をくり返す

— point! —
八つ金剛組、十六金剛組(p.62)ともに、鏡の下でひもが回転しながら組み上がります。塗りばしが丸台の脚にひっかからないよう2〜3㎝組んだらひもからはずします。

Yatsu-kongoh-Z
8　八つ金剛組Z p.8、9

縦方向、横方向ともに
時計回りに糸を動かし、
体から遠い糸を右手でとります。

❋ 材料（帯締 Obijime 1本分）

組糸 thread……1/8（90本）を8玉分
おもり玉 tama…… 240g×8個
吊りおもり CW…… 700〜800g

糸の配色と配置

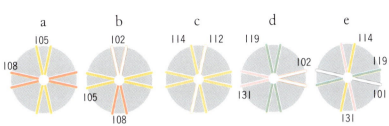

1

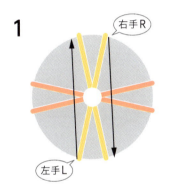

2 **3**

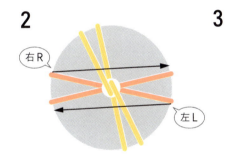

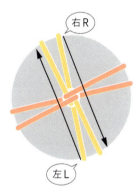

4 **5**

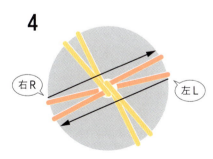

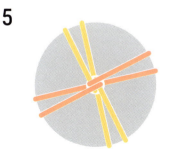

1〜4をくり返す

Maru-yotsu
10 丸四つ組 p.10

単純な動作のくり返しで、慣れるにしたがって
美しく組めるようになります。

✣ 材料（帯締 Obijime 1本分）

組糸 thread……2/8（180本）を4玉分
おもり玉 tama…… 240g×4個
吊りおもり CW…… 400〜500g

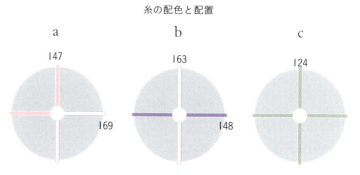

糸の配色と配置

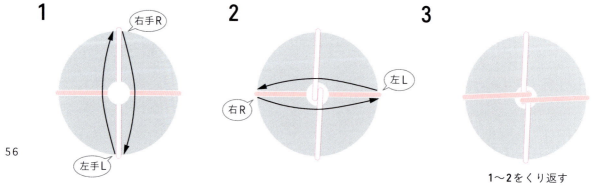

1〜2をくり返す

Suzuna
11 すず菜組 p.11

細く組んだひもを1本おもり玉につけて、丸四つ組(p.56)を組むだけですが、美しく繊細に表情が変わります。

❉ 材料(帯締 Obijime 1本分)

組糸 thread……細い組ひも 1/16(45本)を4玉分
　　　　　　　太い組ひも 2/8(180本)を3玉分
おもり玉 tama……240g×4個
吊りおもり CW……400〜500g

> point!
> まず細い組ひもの配色で丸四つ組(p.56)を組み、これをおもり玉につけて、太い組ひもの配色で通常のように丸四つ組を組みます。細い組ひもの糸は2度組まれることになるので、太い組ひもより少し長く必要です。

糸の配色と配置

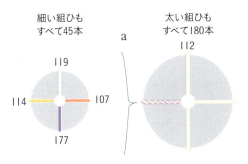

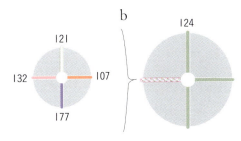

1

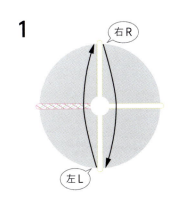

2

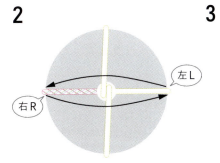

3

1〜2をくり返す

Hojo
12 方丈組 p.16

断面が正方形の組ひも。斜め方向の糸を動かした3と4の後、
2本ずつ持ち上げて落とし、正しい位置に置き直します。

❊ 材料（帯締 Obijime 1本分）

組糸 thread……1/8（90本）を8玉　1/36（20本）を4玉
おもり玉 tama……100g×12個
吊りおもり CW……500〜600g

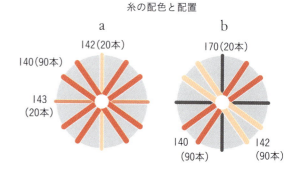

糸の配色と配置

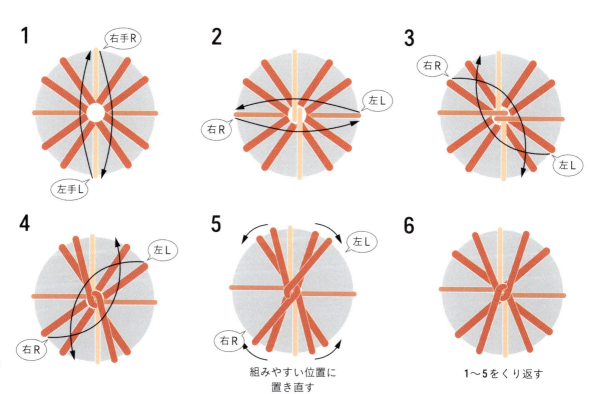

1〜5をくり返す

Edo-genji
14 江戸源氏組 p.16

太い糸束がかわいいハートのように見える組ひもです。
横方向の糸の落とし方を均等にするのがポイントです。

❊ 材料（帯締 Obijime 1本分）

組糸 thread……1/24（30本）を8玉分　3/16（135本）を4玉分
おもり玉 tama……240g×4個　100g×8個
吊りおもり CW……500〜600g

糸の配色と配置

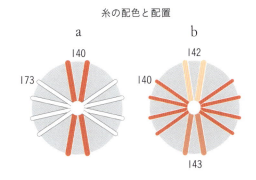

12本組

1
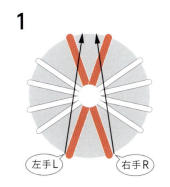

2
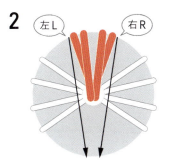

3
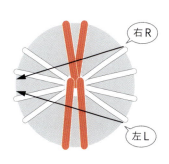

4
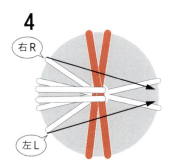

5
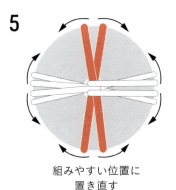

組みやすい位置に置き直す

6

1〜5をくり返す

59

Hirase
13 平瀬組 p.16

双葉を重ねたような地模様です。八つ瀬組(p.52)と平源氏組(p.72)を合わせた組みかたで、**1～4**の八つ瀬部分の糸は長めに必要です。

糸の配色と配置

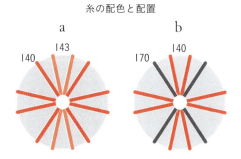

❋ 材料（帯締 Obijime 1本分）

組糸 thread……2/24 (60本)を12玉分
おもり玉 tama…… 100g×12個
吊りおもり CW…… 約700g

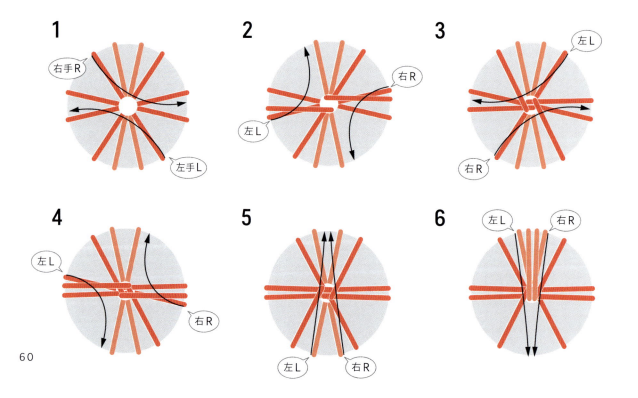

60

point!

いろいろな矢印と手の動き

各図に書かれている矢印は、手の動きをあらわしています。
ここでは、組図の見かた(p.39)より詳しく、具体的な手の動きを見てみましょう。

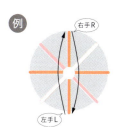

手が鏡の真上を通って、左右の手でとった糸の位置を入れ替えます。

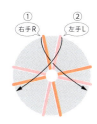

①、②の順で糸をとります。後でとった糸が上になって交差します。

手が鏡の真上を通って、左右の手でとった糸の位置を入れ替えます。

糸を持ち上げず、配置を直します。手は、鏡の外側を通ります。慣れていくと組みながら整えられるようになります。

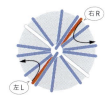

距離は短いですが、一度とった糸を持ち上げます。手は鏡の上を通ります。

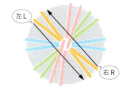

鏡の上を矢印の先に向かって、手が通ります。

7

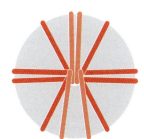

1～6をくり返す

Jyuroku-kongoh-S
15 十六金剛組S p.20

じょうぶなひもということでこの名前がついています。
糸の動きを覚えたら、糸の位置を置き直さずに組み進めましょう。

糸の配色と配置

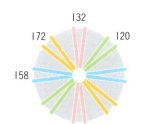

❊ 材料（帯締 Obijime 1本分）

組糸 thread……1/16（45本）を16玉分
おもり玉 tama…… 100g×16個
吊りおもり CW…… 600〜700g

1
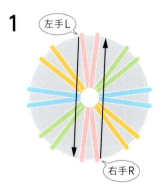

2
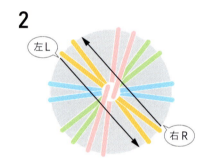

3
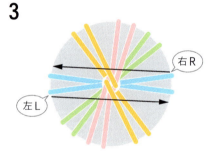

4
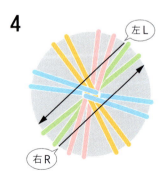

5

1〜4をくり返す

Jyuroku-kongoh-Z
16 十六金剛組Z p.20

まわりの組目がらせん状につながります。
右手が常に、体から遠くの糸をとると覚えましょう。

❈ 材料（帯締 Obijime 1本分）

組糸 thread……1/16（45本）を16玉分
おもり玉 tama…… 100g×16個
吊りおもり CW…… 600〜700 g

糸の配色と配置

16本組

1
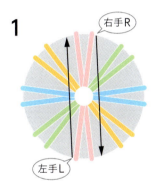

2
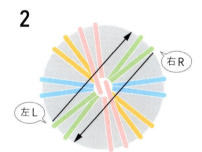

3
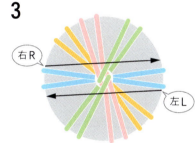

4
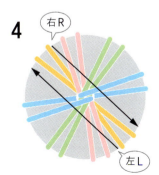

5
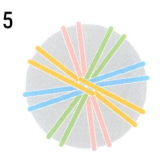

1〜4をくり返す

Jyuroku-kongoh-gaeshi
17　十六金剛返し組　p.20

十六金剛組S (p.62)とZ (p.63)を交互にくり返します。
ジグザグとしたらせん模様の組ひもです。

❃ 材料（帯締 Obijime 1本分）

組糸 thread……1/16 (45本)を16玉分
おもり玉 tama…… 100g×16個
吊りおもり CW…… 約800g

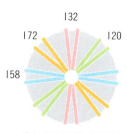

糸の配色と配置

それぞれ8回組んで返す

1

十六金剛組S (p.62)を指定の回数組む。それぞれ上にある糸をとり、交差させて置き直す

2

3

一番上にある糸の、時計回りで隣の糸から十六金剛組Z (p.63)を組み始める

4
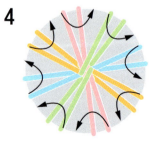

十六金剛組Zを指定の回数組む。それぞれ上にある糸をとり、交差させて置き直す

5

6

一番上にある糸の、反時計回りで隣の糸から十六金剛組Sを組み始める

Jyuroku-kongoh-nejiri
18　十六金剛ねじり組　p.20

平たい、らせん状のひもです。横方向にある糸はほかの糸より
2倍程度、長く必要です。横方向の糸は強めに落として下さい。

❊ 材料（帯締 Obijime 1本分）

組糸 thread……1/16（45本）を16玉分
おもり玉 tama…… 100g×16個
吊りおもり CW…… 約800g

糸の配色と配置

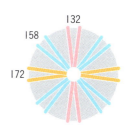

16本組

1

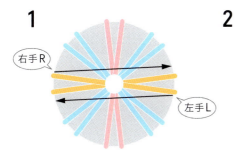

2

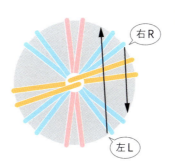

3

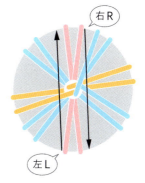

4

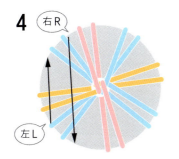

5

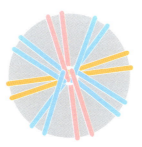

1〜4をくり返す

65

Marukara
25 丸唐組 p.21

時計回りと反時計回りに2本飛ばして組みます。
組目の細かい、美しい組みかたです。

❁ 材料（帯締 Obijime 1本分）

組糸 thread……1/16(45本)を16玉分
おもり玉 tama…… 100g×16個
吊りおもり CW…… 600〜700g

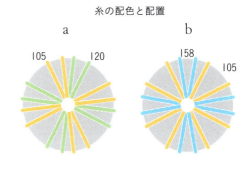

糸の配色と配置

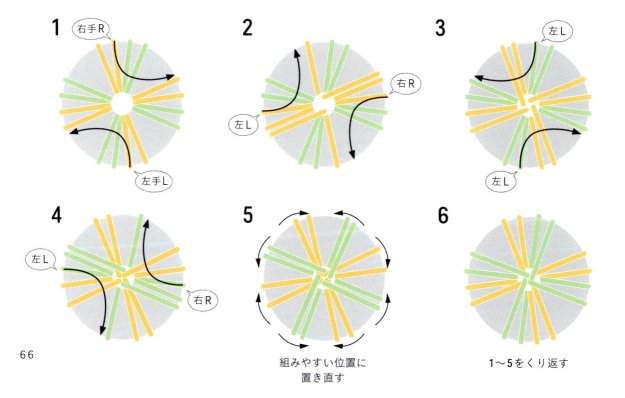

組みやすい位置に置き直す

1〜5をくり返す

Hirakara
20 平唐組 p.21

目の細かい、断面が長方形のひもです。かっちりとしたひもを組むために、おもり玉を強めに落とし、組目を締めます。

❀ 材料（帯締 Obijime 1本分）

組糸 thread……1/16（45本）を16玉分
おもり玉 tama…… 100g×16個
吊りおもり CW…… 600〜700g

糸の配色と配置

16本組

1

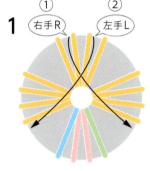

左手の糸が上になる

2

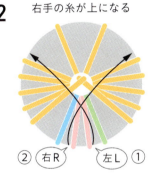

右手の糸が上になる

3

4

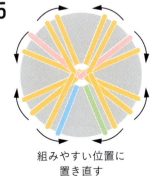

5

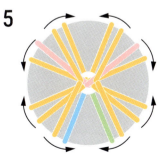

組みやすい位置に置き直す

6

1〜5をくり返す

Naiki
21 内記組 p.22

筒状に組み上がります。糸は毎回穴の上まで持ち上げて、組目を締めます。
8まで組んだ後で、筒をつぶし、平らにすることもできます。

❋ 材料(帯締 Obijime 1本分)

組糸 thread……1/16 (45本)を16玉分
おもり玉 tama…… 100g×16個
吊りおもり CW…… 600～700g

糸の配色と配置

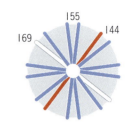

1
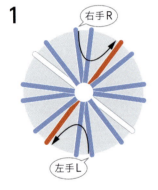

2
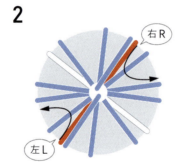

3
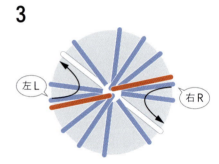

4
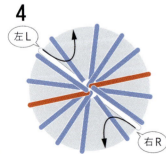

5
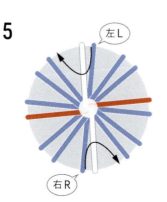

6
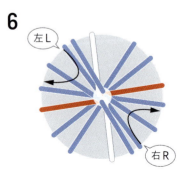

point!

おもり玉と吊りおもりのバランス

丸台で組む場合は、おもり玉の総量に合わせて、吊りおもりの重さを決めます。

目安は総量の40％ですがレシピには600～700gというように少し幅を持たせて表記しています。

これは、組み手の力加減によって、重めがよい人、軽めのほうが組みやすい人、さまざまだからです。

きれいに組むためには、鏡の少し下あたりでひもが組み上がっていくのを目安に、バランスをとるとよいでしょう。

写真は鏡の穴の少し下で、ひもが組み上がっている、バランスのよい様子。

16本組

7

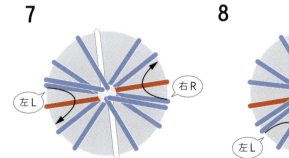

8

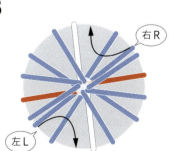

9

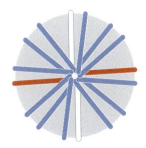

1～8をくり返す

Naiki-gaeshi
22 内記返し組 p.22

筒状に組み上がります。ここでは8回組んで模様を反転させています。
好きな位置で反転させると、ランダムなジグザグ模様ができます。

❁ 材料（帯締 Obijime 1本分）

組糸 thread……1/16（45本）を16玉分
おもり玉 tama…… 100g×16個
吊りおもり CW…… 600〜700g

糸の配色と配置

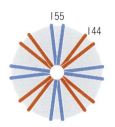

8回組んで返す

1
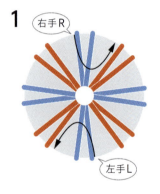

2
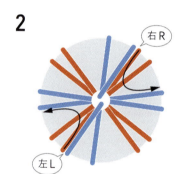

3
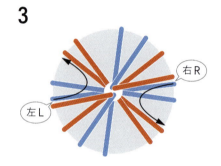

4
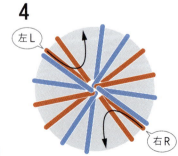

5
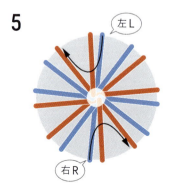

6
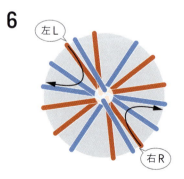

point!

玉糸の使いかた

おもり玉に最初につけた玉糸(p.39)は、組糸が短くなって、おもり玉に巻きにくくなったところで使います。
玉糸を、吊りおもりの袋のひもと同じ要領(p.42)で輪にし、組糸の束につけ、玉糸と一緒におもり玉に巻きつけていきます。こうすることで、糸が短くなっても、玉糸の長さで補えるので、糸の終わりのほうまで組み続けることができます。

「返し」という組みかた

金剛組(p.62、63)と内記組(p.68)には「返し」という名前のついた組みかたがあります。これは、途中で向きを反転して組む方法で、折り返すと模様が反転します。
この本の作品では、決まった回数ごとに反転させて、規則正しい模様にしましたが、好きな位置で反転させて、ランダムな模様を楽しむ組みかたもあります。回数を数えなくてよいので簡単です。

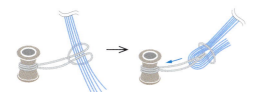

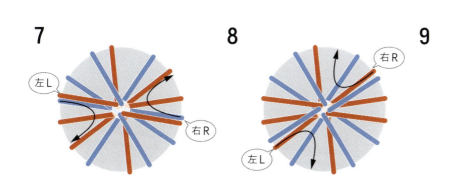

1〜8をくり返し、反転するところで5〜8をくり返す。

Hira-genji
23 平源氏組 p.23

縦方向の糸がすべて向い合う糸と入れ替わるので、しっかりとしたひもになります。1、2で均等に玉を落とし、ひもの幅をそろえるよう意識します。

❊ 材料（帯締 Obijime 1本分）

組糸 thread……1/16（45本）を8玉分　1/24（30本）を8玉分（横方向）
おもり玉 tama…… 100g×16個
吊りおもり CW……600～700g

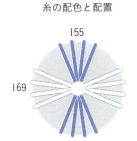

糸の配色と配置

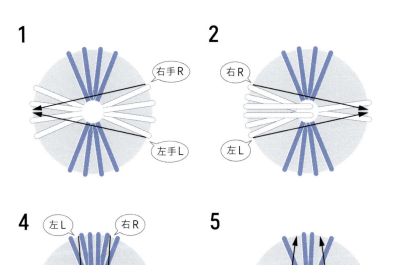

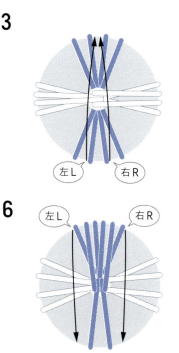

1～6をくり返す

Maru-genji
24 丸源氏組 p.23

外側の糸をとって内側へ、という覚えやすい動きのくり返しです。
bの配色で解説しています。

❀ 材料（帯締 Obijime 1本分）

組糸 thread……1/16を16玉分
おもり玉 tama…… 100g×16個
吊りおもり CW…… 600〜700g

糸の配色と配置

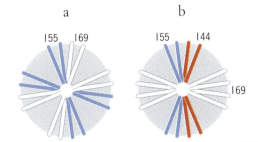

16本組

1

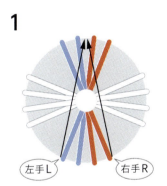

2

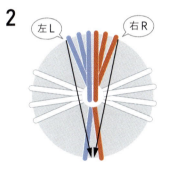

3

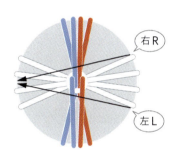

4

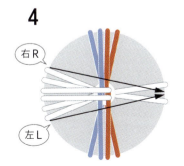

5

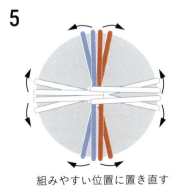

組みやすい位置に置き直す

6

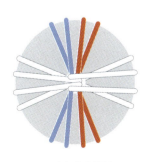

1〜4をくり返す

Chidori
25　千鳥組　p.28

千鳥が羽を広げたような模様の組ひも。
1〜4で糸を入れ替えるとき、玉を強く落とすときれいに組めます。

❊ 材料（帯締 Obijime 1本分）

組糸 thread……1/16（45本）を16玉分
おもり玉 tama…… 100g×16個
吊りおもり CW…… 600〜700g

糸の配色と配置

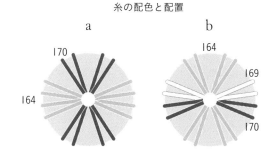

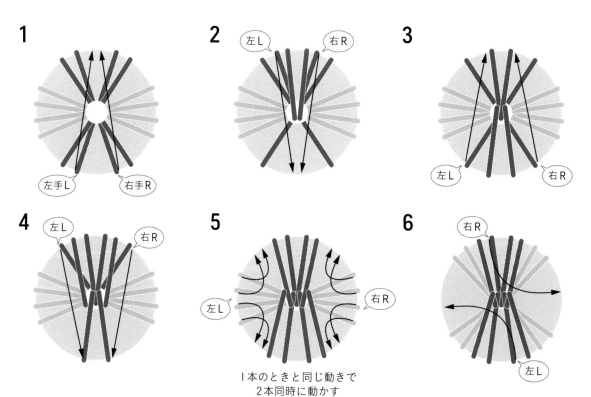

1本のときと同じ動きで
2本同時に動かす

16本組

7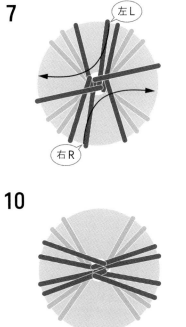

8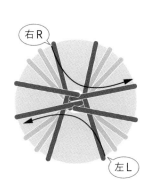

9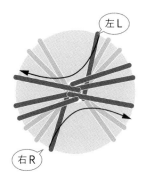

10

1〜9をくり返す

Sasanami
26　笹波組　p.28

矢羽根模様ができる組みかたです。
cの配色で解説しています。
4の横方向の糸は広げながら引き締めます。

❀ 材料（帯締 Obijime 1本分）

組糸 thread……1/16（45本）を16玉分
おもり玉 tama……100g×16個
吊りおもり CW……600〜700g

糸の配色と配置

a　　　　　b　　　　　c

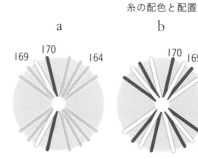
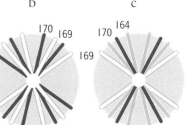

1

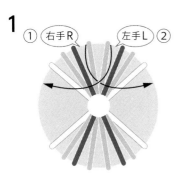

左手の糸が上になる

2　右手の糸が上になる

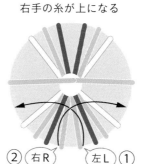

3

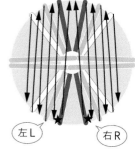

左右1本ずつ★印の位置から
外側に向かい、6回動かす

4

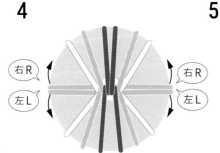

右側左側、それぞれ両手で糸をとり、
手前と奥に広げながら引き締める

5

1〜4をくり返す

Kata-se
27 片瀬組 p.29

斜めに地模様が出る組みかたです。
2と5は★印の糸からスタートし、
中央に向かって動かして組みます。

❊ 材料(帯締 Obijime 1本分)

組糸 thread……1/16 (45本) を16玉分
おもり玉 tama…… 100g×16個
吊りおもり CW…… 600〜700g

糸の配色と配置

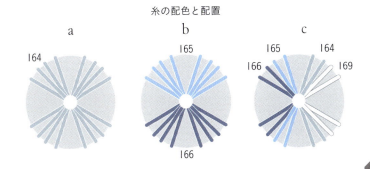

16本組

1

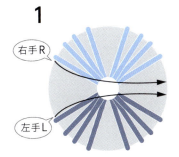

2

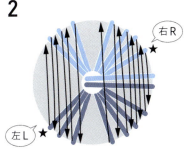

左右1本ずつ★印の位置から
中央に向かい、7回動かす

3

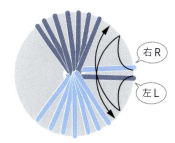

手前と奥に開いて中心を締め、
左手を上にして位置を入れ替える

4

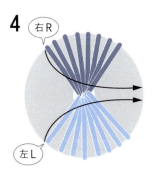

5

左右1本ずつ★印の位置から
中央に向かい、7回動かす

6

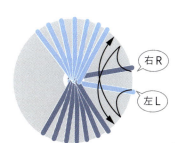

手前と奥に開いて中心を締め、左手を
上にして位置を入れ替える。
1〜5をくり返す

Oimatsu
28 老松組 p.30

縦横方向(青)、斜め方向(水色)に
それぞれ江戸八つ組(p.48)を3回ずつ組みます。

❋ 材料(帯締 Obijime 1本分)

組糸 thread……1/16 (45本)を16玉分
おもり玉 tama…… 100g×16個
吊りおもり CW…… 600〜700g

糸の配色と配置

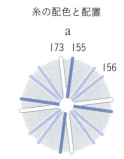

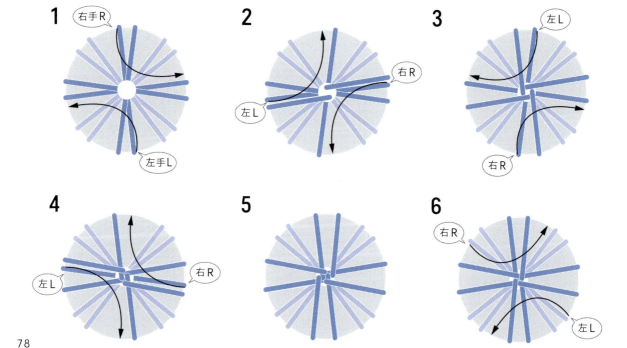

1〜4を3回くり返す

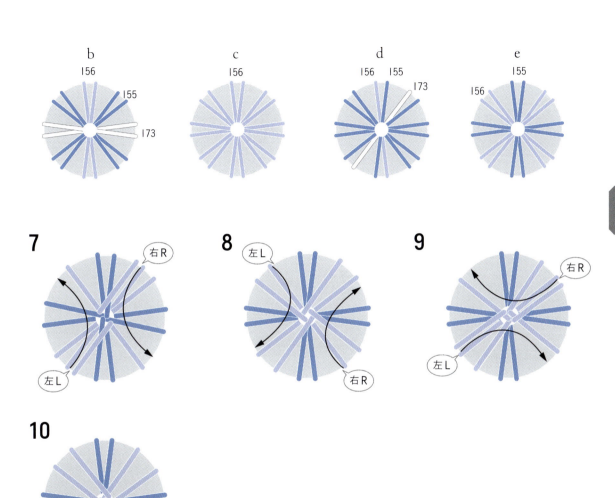

Kasane-Edo
29 重ね江戸組 p.31

縦と斜め方向(グレー)、横と斜め方向(白)の糸で
江戸八つ組(p.48)を1回ずつ組みます。
bの配色で解説しています。

❋ 材料(帯締 Obijime 1本分)

組糸 thread……1/16(45本)を16玉分
おもり玉 tama……100g×16個
吊りおもり CW……約800g

糸の配色と配置

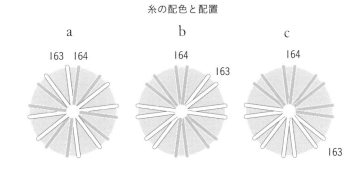

1

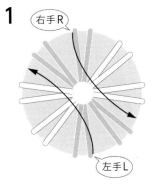

2

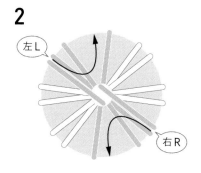

3

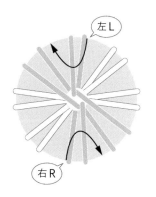

4

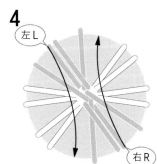

5

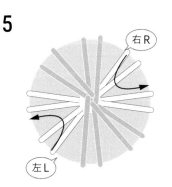

6

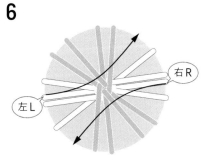

point!

組ひもの用語

この本に出てくる、用語の解説です。

【糸を引き締める】
この表記がある場合、糸を持ち、ひっぱって締めます。手前と奥、または左右に引き締めたい糸を開いて、組んでいる部分を締めることもあります。

【SとZ】
金剛組には、SとZの2種類の組みかたがあります。ひもの柄が図のようにS型になるか、Z型になるかで区別しています。

【おもりを落とす】
鏡に糸を置く前に、少し上で手をはなします。おもり玉の重みで、ただ置くよりもひもが引き締まります。強く落とすときは、おもり玉に勢いをつけて落としましょう。

【糸の方向】
糸を動かす方向を指示するときは、鏡に配置した向きであらわします。下図では青い糸です。

 縦方向の糸　横方向の糸　斜め方向の糸

【糸をさばく】
糸の束を両手で交互になでてしごき、よりや絡まりをほどくこと。

7

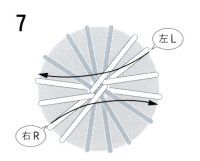

8

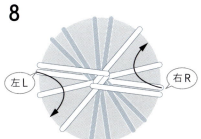

9

1～8をくり返す

Braid-in-Braid
30　ひも入り組ひも　p.32

市販のひもを芯にして、まわりを覆うように組みます。
芯を入れたりはずしたりすることで、ジグザグ状のひもに。

❈ 材料（帯締 Obijime 1本分）

組糸 thread……1/24（30本）を8玉分
　　　　　　芯 直径3mm程度×30cm
（市販のひもならなんでもよい。長めのほうが組みやすい）
おもり玉 tama…… 100g×8個
吊りおもり CW…… 300〜400g

糸の配色と配置

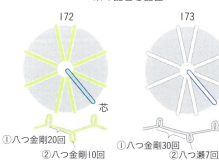

①八つ金剛20回　　①八つ金剛30回
②八つ金剛10回　　②八つ瀬7回

point!

芯になるひもは、上から吊るすか組み手の肩にかけて組みます。

芯を前のループがあるほうに出すとジグザグに組み上がります。

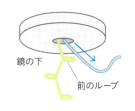

1　芯を組糸と一緒に束ねて根締めをする

芯をくるむように①部分を指定の回数組む

2　穴から鏡の下に出す

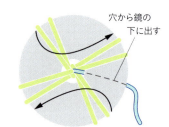

芯を鏡の下に出し②部分を指定の回数組む

3

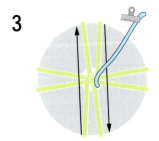

再度芯を鏡の上に出す。1と2をくり返す。芯を下に出す位置に気をつける（point!参照）

4

最後に芯をひっぱって、芯が見えているところを整える

Kozakura-genji
31 小桜源氏組 p.33

糸の配色と配置

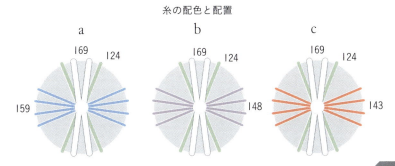

5、6の横方向の入れ替えの後、
7、8で中央2本の糸を引き締めます。

✿ 材料（帯締 Obijime 1本分）

組糸 thread……3/16（135本）を4玉分
1/16（45本）を4玉分　1/36（20本）を8玉分
おもり玉 tama……240g×4個　100g×12個
吊りおもり CW……約700g

16本組

1
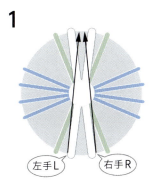

2
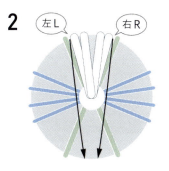

3
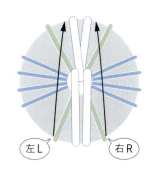

4
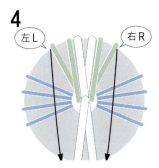

5
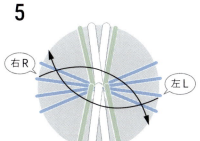

6
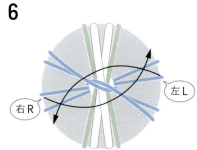

83

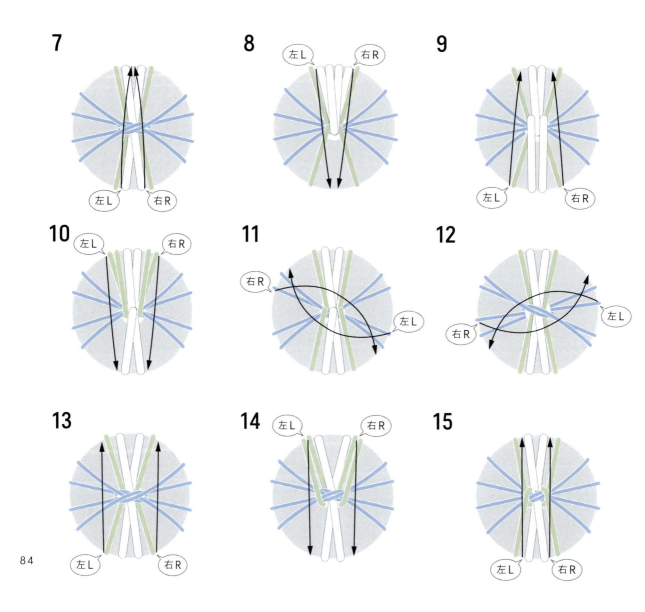

16

左L 右R

17

右R 左L

18

左L 右R

16本組

19

左L 右R

20

左L 右R

21

左L 右R

22

左L 右R

23

右R 左L

24

右R 左L

**1〜24をでひと模様
これをくり返す**

アクセサリー作りの基本

組ひものテクニックを生かして、かわいいアクセサリーを作りましょう。組糸をアレンジしたり、パーツを利用することで、いろいろな可能性が広がります。

❋ 組糸

レース糸
（タティングレース用）　　毛糸
（ファンシーヤーン）　　レザーコード　　スウェードテープ　　リボン

❋ アクセサリーパーツ

ひもどめ　　スカシキャップ　　Tピン／丸カン　　ピアス金具　　アジャスター　　マンテル　　バレッタ金具

❋ 用具

丸やっとこ　　ペンチ　　クラフトハサミ　　手芸用ボンド　　クラフトボンド

❋ テクニック

丸カンの開きかた

継ぎ目をペンチで挟み、前後に開く　　継ぎ目を広げない

ピンの曲げかた

①ピンにビーズを通してカット。ペンチで90°に曲げる　　②根元をペンチで挟んで反対側に丸く曲げる

結びの基礎

まとめ結び

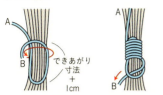

まとめたい位置に、別の糸を輪にして重ね、上から巻きつける。指定の寸法巻いたら下の輪に、ひも端Bを通す。端Aを上に引くと、輪が巻いたひもに入り、固定される。ABは根元でカットする。

巻きつけとめ結び

巻きたい部分にボンドをつけ、巻くひもを添わせる。すき間をあけずに巻き、下で結んでボンドをつけ、引き締めて端をカットする。

とめ結び

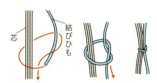

ひとつのひもを芯と結びひもの部分に分け、芯に結びひもをかける。引き締めてでき上がり。

ひもどめのつけ方

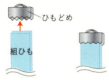

ひもどめの内側にボンドをつけ、組ひもを差し込む。ひもどめをペンチではさんで上下から締める。

組ひもの端の始末の仕方

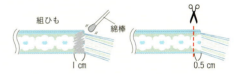

水で薄めた手芸用ボンドを組ひもの端1cm位に染み込ませる。完全に乾いたら0.5cmカットする。

pierced earring
窓辺のあの子 p.7

❋ 材料（1個分）

組糸 thread……各12本
（白、ピンク、黄緑、水色）×30cmを8玉分
おもり玉 tama……100g×8個
吊りおもり CW……約500g
C型ピアス金具　1個
縫い糸（絹）

❋ 用具

ボンド、ペンチ

❋ 糸の配色と配置

158
121
101
134

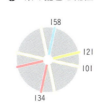

① 角八つ組（p.49）を6cm組む
② 両端に接着剤をつけて始末する。一方はカット、もう一方の端は絹糸で巻きつけとめ結び
③ 数目おきに拾って金具を通す

ピアス金具
ふさ 1.5cm

choker
ジゼル p.6

❈ 材料

組糸 thread……1/24（30本）100cmを8玉分
幅2cmのリボン（ピンク）100cm 1本を1玉分
おもり玉 tama…… 100g×9個
吊りおもり CW…… 約400g
幅2cmのリボン（ピンク）60cm　2本
縫い糸（絹）

❈ 用具

ボンド、ペンチ、
丸やっとこ、
ピック20本

❈ 糸の配色と配置

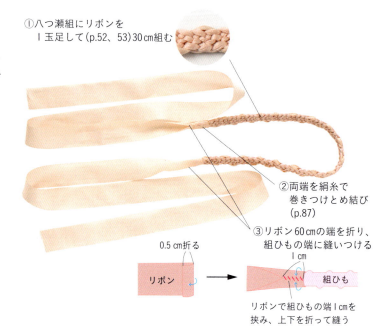

①八つ瀬組にリボンを
　1玉足して（p.52、53）30cm組む

②両端を絹糸で
　巻きつけとめ結び
　（p.87）

③リボン60cmの端を折り、
　組ひもの端に縫いつける

0.5cm折る

リボン → 組ひも

リボンで組ひもの端1cmを
挟み、上下を折って縫う

ring
ピンクのリボン p.7

❈ 材料

組糸 thread……各5本
（ピンクラメ2本、絹糸3本）×30cmを8玉分
おもり玉 tama…… 100g×8個
吊りおもり CW…… 約350g
ひもどめ　幅5mm 1個　縫い糸（絹）

❈ 用具

ボンド、ペンチ

①八つ瀬組（p.52）を
　7cm組み、端に接着剤を
　つけて乾いたら5.5cmに
　カット（p.87）

②組ひもの端を重ねて輪にし、絹糸で
　結ぶ。ひもどめの内側に接着剤をつけ、
　結んだ部分を挟んで締める

0.5cm重ねる
結ぶ

→ ひもどめ

parker string
舞姫 p.13

❋ 材料

組糸 thread……赤3/16(135本)を4玉分、
ピンク1/32(22本)を2玉分、シルバー1/32(35本)を2玉分
おもり玉 tama…… 240g×8個
吊りおもり CW…… 約700g
縫い糸(絹)

❋ 用具

ボンド

❋ 糸の配色と配置

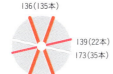

136(135本)
139(22本)
173(35本)

①丸四つ組(p.10)で30cmを2本組む

②端は接着剤で始末し(p.95)パーカーのひも通しの中に縫いとめる

ふさ 2cm

purse string
シルフィード p.12

❋ 材料

組糸 thread……1/16(45本)を4玉分
　　　　　　　10本を4玉分
おもり玉 tama…… 100g×8個
吊りおもり CW…… 約400g

❋ 用具

ボンド

❋ 糸の配色と配置

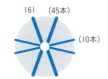

161 (45本)
(10本)

①江戸八つ組(p.48)
70cmを2本組む。
巾着のひも通しに通す

②2本を束ねて結ぶ。端は接着剤をつけ、乾いたらカット (p.87)

headband
ブラックスワン p.14

❊ 材料

組糸 thread……2/24 (60本)×80cmを4玉分
　　　　　　　1/48 (15本)×90cmを8玉分
おもり玉 tama……100g×12個
吊りおもり CW……約400g
カチューム用ゴム　1本
ひもどめ　幅15mm 2個
丸カン7mm 2個

❊ 用具

ボンド、ペンチ、丸やっとこ

❊ 糸の配色と配置

170 (60本)
169 (15本)

①江戸源氏組(p.59)を41cm×2本組む。端に接着剤をつけ、乾いたら40cmにカット(p.87)

②2本の端をそろえ、ひもどめで両端を挟んで締める(p.87)

③ひもどめに丸カン1個でカチューム用ゴムをつなぐ

key ring
妖精のキス p.15

❊ 材料

組糸 thread……各60cm
a 毛糸(白) 1本を8玉
　レース糸(水色) 2本を4玉
　レザーコード(白1mm) 1本を4玉
b 毛糸(白) 1本を4玉
　レース糸(水色) 2本を2玉
　レザーコード(白0.2mm) 2本を2玉
おもり玉 tama……100g　a 16個　b 8個
吊りおもり CW……a 約700g　b 約500g
直径1cmの飾り丸カン、レース糸

❊ 用具

ボンド、ペンチ

❊ 糸の配色と配置

a
毛糸
レース糸
レザー
この8本で①を組み始める

b
この8本で組み始める
レザー
毛糸
レース糸
この8本で①を組み始め、③では2本ずつを1つの玉に巻く

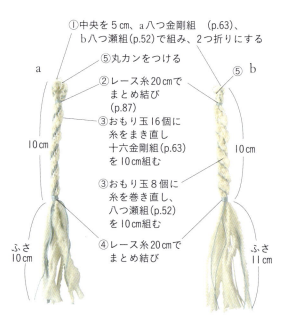

①中央を5cm、a八つ金剛組(p.63)、b八つ瀬組(p.52)で組み、2つ折りにする

⑤丸カンをつける

②レース糸20cmでまとめ結び(p.87)

③おもり玉16個に糸をまき直し十六金剛組(p.63)を10cm組む

③おもり玉8個に糸を巻き直し、八つ瀬組(p.52)を10cm組む

④レース糸20cmでまとめ結び

a 10cm
b 10cm
ふさ 10cm
ふさ 11cm

bracelet
夜明け p.18

❉ 材料

組糸 thread……ライトグレー、紺、グレー
1/24(30本)×各50cmを8玉分
おもり玉 tama…… 100g×8個
吊りおもり CW…… 約400g
ひもどめ 幅20mm 2個
丸カン 4mm 2個
アジャスター、カニカン 1組
スワロフスキー 5mm 1個

❉ 用具

ボンド、ペンチ、丸やっとこ

①平八つ組(p.47)を16cm×3本組み
端は接着剤をつけ、乾いたら15cmに
カット(p.87)

②3本の端をそろえ、ひもどめで
両端を挟んで締める(p.87)

③丸カン2個で
カニカンをつなぐ

⑤ビーズをピンに通して曲げ(p.86)、
アジャスターに丸カンでつなぐ

④丸カン1個でアジャスターをつなぐ

neck ornament
グラン ワルツ p.19

❉ 材料

材料
組糸 thread……1/24(30本)を4玉分
毛糸(青)2本を1玉分 1本を3玉分
おもり玉 tama…… 100g×8個
吊りおもり CW…… 約500g
縫い糸(絹)

❉ 用具

ボンド

❉ 糸の配色と配置

164(30本)
毛糸2本 毛糸1本

20cm

ふさ10cm

鎖つなぎ組(p.46)を
170cm組み、両端を絹糸で
巻きつけとめ結びでとめる(p.87)

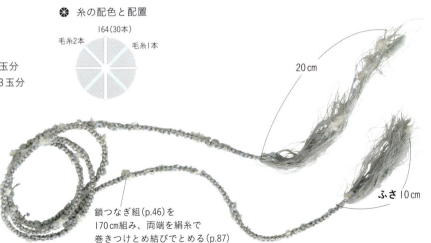

91

barrette
ティーパーティー p.24

❋ 材料（1個分）

組糸 thread……1/16（45本）を16玉分
おもり玉 tama……100g×16個
吊りおもり CW……約800g
バレッタ金具（10cm）
縫い糸（絹）

❋ 用具

ボンド

❋ 糸の配色と配置

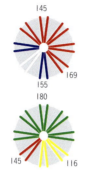

145
169
155

180
145 116

①内記組(p.68)を16cm組み、端は接着剤をつけ、乾いたら15cmにカット(p.87)

a

b

②バレッタに縫いつける

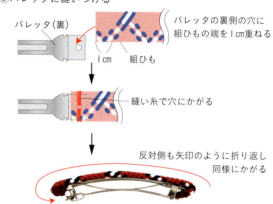

バレッタ（裏）　　バレッタの裏側の穴に組ひもの端を1cm重ねる
1cm　組ひも

縫い糸で穴にかがる

反対側も矢印のように折り返し同様にかがる

bangle
愛をこめて p.26

❋ 材料

組糸 thread……1/16（45本）を16玉分
おもり玉 tama……100g×16個
吊りおもり CW……600～800g
ひもどめ　幅13mm　2個
マンテル　1組
縫い糸（絹）

❋ 用具

ボンド、ペンチ、丸やっとこ

❋ 糸の配色と配置

136 134 132
128
172

③丸カン2個でマンテルをつなぐ

①平源氏組(p.72)を17cm組み、端は接着剤をつけ、乾いたら16cmにカット(p.87)

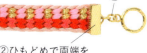

③

②ひもどめで両端を挟んで締める(p.87)

belt
ル ベル p.27

❀ 材料
組糸 thread……幅3mmのスウェードテープ
　　　　　　　白、グレー各2.4m×8玉分
おもり玉 tama…… 100g×16個
吊りおもり CW…… 600～800g
幅3mmのスウェードテープ　白40cm

❀ 用具
ボンド、ペンチ、
丸やっとこ

❀ 糸の配色と配置

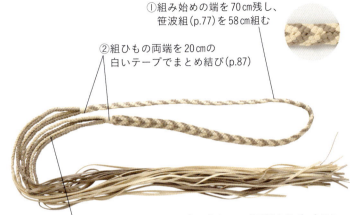

① 組み始めの端を70cm残し、笹波組(p.77)を58cm組む
② 組ひもの両端を20cmの白いテープでまとめ結び(p.87)
③ 同色のテープ4本で丸四つ組み(p.56)を15cm(両端4組ずつ)組む。端はとめ結び(p.87)

basket handle
青い鳥 p.25

❀ 材料
組糸 thread……幅3mmのレザーコード0.9m
　　　　　　　白8本　青8本
おもり玉 tama…… 100g×16個
吊りおもり CW…… 600～800g
レザーコード　70cm×2本

❀ 用具
ボンド、ペンチ、
丸やっとこ

❀ 糸の配色と配置

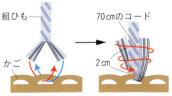

① 組み始めを15cm残し、内記組(p.68)を30cm組む。組み終わりも15cm残し両端を接着剤でとめる
② かごの穴にひもの端をし、70cmのレザーコードで始末する。端はギリギリでカット

組ひも　70cmのコード
かご　2cm

二つに分けて外側と内側から交差させて通す

組ひもとひもの端を芯に、レザーコードで巻きつけ、とめ結び(p.87)

cat's collar
赤い靴 p.35

❂ 材料

組糸 thread……3/16 (135本)を4玉分
1/16 (45本)を4玉分　1/36 (20)を8玉分
おもり玉 tama……240g×4個　100g×12個
吊りおもり CW……600〜800g
幅1cmのグログランリボン(赤) 20cm 2本
幅2cmのグログランリボン(赤) 4cm 2本
幅0.9cmのゴム(白)　10cm
縫い糸(絹)

❂ 用具

ボンド

❂ 糸の配色と配置

169 (135本)
117 (45本)
140 (20本)

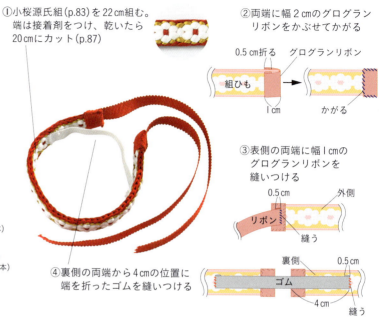

decoration
こんぺいとうの精 p.34

❂ 材料(1個分)

組糸 thread……90cm
黄緑、ピンク　20本を8玉分
水色、シルバー　25本を8玉分
芯 直径3mm程度×30cm (市販のひも)
おもり玉 tama……100g×8個
吊りおもり CW……300〜400g
キャップ
9ピン(5cm)

❂ 用具

ボンド、ペンチ、丸やっとこ

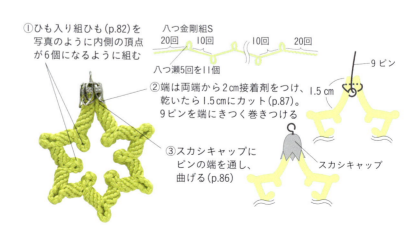

この本の使用絹糸

この本で使用した組糸の色番号と糸見本です。
材料や道具に関しては、右記までお問い合わせください。

【絹糸、道具のお問い合わせ】
株式会社テクスト
東京都日野市三沢2-6-44-203
e-mail　kumihimo@texte.co.jp

監修・制作	多田牧子（Makiko Tada）
制作	小嶋博子　岡本睦子（p.8〜11）
	西幾代（p.16、17　p.32、33）
	丸山文乃（p.28〜31）
	清澤澄江（p.20〜23）
制作協力	銭谷信子　三上扶実子

Staff

撮影	masaco
	天野憲仁（株式会社日本文芸社）
デザイン	葉田いづみ
スタイリング	鈴木亜希子
モデル	rilay
ヘアメイク	飯嶋恵太
編集協力	Jennie Parry　田中利佳
編集	小泉未来

〈撮影協力〉
CARBOOTS
東京都渋谷区代官山町14-5シルク代官山ⅠF
TEL 03-3464-6868

AWABEES
東京都渋谷区千駄ヶ谷3-50-11明星ビル5F
TEL 03-5786-1600

〈素材協力〉
メルヘンアート 株式会社（p.25レザーコード）
〒130-0015　東京都墨田区横網2-10-9
TEL 03-3623-3760
http://www.marchen-art.co.jp

【組みかたに関するお問い合わせ】
e-mail　kumihimo@texte.co.jp

多田牧子

1970年日本女子大学家政学部被服学科卒業。2003年京都工芸繊維大学大学院博士課程修了。組物複合材料、組機に関する研究で博士（工学）の学位を取得。現在、京都工芸繊維大学大学院の非常勤講師、組紐・組物学会理事。日本の組ひもを約45年、アンデスの組ひもを約35年研究制作、また平安時代の組物復元なども行っている。『組紐総覧1 丸台の組紐120』『組紐総覧6 組紐ディスクとプレート』（テキスト）など著書多数。海外からの研修生の受け入れや、海外でのワークショップ、作品展への招待に応え、海外に向けても組ひもの魅力を伝え続けている。

うつくしい組ひもと小物のレシピ

2017年7月31日　第1刷発行
2024年8月20日　第4刷発行

監修者	多田牧子
発行者	竹村　響
印刷所	TOPPANクロレ株式会社
製本所	TOPPANクロレ株式会社
発行所	株式会社日本文芸社
	〒100-0003　東京都千代田区一ツ橋1-1-1
	パレスサイドビル8F

Printed in Japan　112170721-112240809 Ⓝ04　(201033)
ISBN978-4-537-21490-1
URL　https://www.nihonbungeisha.co.jp/
©NIHONBUNGEISHA 2017

印刷物のため、作品の色は実際と違って見えることがあります。ご了承ください。
本書の一部、または全部をホームページに掲載したり、本書に掲載された作品を複製して店頭やネットショップなどで無断で販売することは、著作権法で禁じられています。
乱丁・落丁などの不良品、内容に関するお問い合わせは小社ウェブサイトお問い合わせフォームまでお願いいたします。
ウェブサイト　https://www.nihonbungeisha.co.jp/
法律で認められた場合を除いて、本書からの複写・転載（電子化を含む）は禁じられています。また、代行業者等の第三者による電子データ化および電子書籍化は、いかなる場合も認められていません。（編集担当：角田）